JN411353

오늘의문학 시인선
431

여정

김도석 시집

오늘의문학사

국립중앙도서관 출판예정도서목록(CIP)

여정 : 김도석 시집 / 지은이: 김도석. -- 대전 :
오늘의문학사, 2018
p. ; cm. -- (오늘의문학 시인선 ; 431)

ISBN 978-89-5669-941-7 03810 : ₩9000

한국 현대시[韓國現代詩]

811.7-KDC6
895.715-DDC23 CIP2018028384

여정

| 서문 |

매년마다 느끼는 바이지만 올 여름이 가장 더운 여름인 것 같다. 온난화의 경고가 현실화되는 것은 아닌지 걱정스럽다. 한낮의 기온은 텃밭에 나가볼 엄두를 가져가버린다. 가만히 앉아만 있어도 땀이 흐른다. 선풍기는 연신 바람을 보내지만 그 바람조차도 후텁지근하다. 해발고도가 조금 있는 곳인데도 산 아래 동네랑 큰 차이가 없다. 내년에는 과부땡빚을 내서라도 에어컨하나 설치해야겠다.

살아온 날들을 뒤돌아 볼 나이가 되었나보다. 힘이 부칠 때 나타나는 현상이라고 한다. 열정도 식어가고 있고 새로운 일을 시작한다는 것은 무리라는 생각이 강하게 누른다. 이때는 매듭 하나를 묶을 때라는 생각이 든다. 중간결산이라고 해야 하나. 그래서 그동안 끄적거려 놓았던 글들을 모아보았다. 제법 글이 모였다.

가깝게 지내는 사람들에게 시집을 낸다는 말을 하였더니, 시인이라고 부른다. 난 그 말이 쑥스럽고 자꾸 들을 때는 놀림으로 들린다. 내가 책을 낸다는 사실이 영 어색하기만 하다. 발가벗긴 채 광장에 서 있는 느낌이다. 친구 놈 말대로 개나 소나 다 책을 낸다는 말 때문인지도 모르겠다. 그럼에도 불구하고 글을 남긴다. 기록의 차원에서라도 말이다.

그래서 큰 욕심도 기대도 않는다. 문학성도 잘 모른다. 다만 큰 역사의 흐름 속에서 한 나약한 인간은 어떻게 살아왔는지 당시 어떤 맘으로 살았는지 후세들에게 증거가 되고 싶다. 조금 더 욕심을 부리자면 또 다시 암울한 역사가 반복되었을 때 어떻게 사는 것이 좋을지 사람들에게 참고 정도 되었으면 좋겠다.

현재의 높은 기온은 인간을 동물 수준으로 끌어 내린다. 오로지 생존을 위한 몸부림 속으로 인간을 던진다. 겨울에 후회할망정 얼른 기온이 내려갔으면 좋겠다. 서늘한 공기의 청량감이 그립다. 그 청량감 속에서 나와 얽혀 있는 모든 것들에 대해 곰곰이 생각하는 환경이 다시 만들어진다면 다른 욕심은 잠시 접을 수 있을 것 같다.

어쨌거나 자연현상으로 볼 때 가을이 얼마 남지 않았다. 가을은 그리움의 계절이다. 이 보잘 것 없는 시집이 팍팍한 삶을 살고 있는 사람들에게 연서가 되길 바란다면 지나친 욕심일까.

2018년 징하게 더운 여름날 무성산 자락에서

| 목차 |

제2부 나의 아버지

제3부 이 길 나서면

제4부 찬바람이 불면

제1부

그날을 기다리며

교육

사소한 습관 하나 길들이기 위해서는
수십 번의 후회와
수십 번의 다짐과 수십 번의 연습이 필요한데

하물며

남의 습관 바꾸려면
몇 십번의 타이름과 몇 십번의 꾸지람과
몇 십번의 칭찬이 필요할까?

2007 대선

냄새가 몰려온다.
악취가 세상을 덮었다.
파리 떼들만 우글거린다.
피하고 싶다. 도망가고 싶다.

아뿔싸!
한군데도
어느 한구석도 구린 돈 냄새
안 풍기는 곳이 없구나!

숨을 쉴 수가 없다.
시야가 뿌옇게 흐려진다.
정녕 이게 마지막인가?
이대로 이대로 무릎 꿇어야 하는가?

'무능한 진보보다 부패한 보수가 낫다?'
'부도덕하면 어떠냐 경제만 살리면 되지!'
모두 박수 치는데
왜?

왜 나는 '무능한 진보'를 붙들고
각혈의 고통으로
가쁜 숨을 몰아쉬는가?

그래
썩어라!
원 없이 남김없이 모조리 썩어버려라!
푹 썩어 문드러지고 나면

마침내
향기로우리라.

2018 정상회담

친구야!
자꾸만 눈물이 나,
참으려 할수록 꺼억꺼억 헤집고 나와.

문재인 대통령도
김정은 위원장도
맞잡은 두 손으론 눈물이 흐르더만
의연한 척 웃고 있었지만
내 눈을 속일 순 없지.

껴안은 가슴으로
서러운 지난날들을
통한의 세월을
뒤바뀌어 버린 역사를, 운명을
콸콸 토해내더만
울고 있는 그들을 내가 보았어.

씨바 내가 운다고?

허허 친구도 늙었네 그랴!

가야 한다, 대추리로

복사꽃 살구꽃 지면 풀빛 검게 짙어가고
민들레 홀씨 봄 하늘에 흩어지는 날
또 쟁기질 쓰레질해야 해, 못자리 모가 많이 자랐어.
올 한해도 대추리 너른 들판에 생명을 심어야지
우리가 그것 밖에 할 게 뭐가 더 있겠나?

한-미 FTA 체결….

그래도 살아보겠다는 자구노력은
버석거리는 우리들 가슴에
흙먼지 풀풀 날리는 깡마른 호미질일 뿐,
말라비틀어지고 갈라진 골은 더욱 깊어지고
속수무책 당할 수밖에 없는 우리에게
언제 우리의 정부가 있었던가 우리의 나라가 있었던가?

카길 쌀이 우리 쌀을 대신해
추곡수매조차 없어지고
새끼도 키울 수없는 암담한 현실에
눈물을 흘려도, 농약을 마셔도

대들다 곤봉, 방패에 찍혀 아스팔트에
한스러운 일생을 묻을 때도
대한민국은 내 조국의 이름이 아니었어.

하지만 어쩌겠나,
그것 밖에 할 게 뭐가 더 있나.
대추리 너른 들판에 생명을 가꿔야지.

허나

2006년 5월 4일
대추리 너른 들판이 철조망에 갇힌다.
군인은 주민을 위협한다.
대추분교엔 대형 굴삭기에 찍힌
오래 된 은행나무 운동장에 널부러져 시체처럼 누워있고
운동장 움푹움푹 찢기고 까발려져 선혈이 낭자하고
校舍의 처참한 몰골 썩은 육신마냥 철근이 흉측하다.

아 전쟁터! 폐허!

국민을 상대로 군사작전을 감행한다.
국민의 생명과 재산을 지킨다는 국민의 군대가
미군 군사주둔지를 넓혀야한다고.

저놈들! 저러다 80년 5월처럼 총부리 들이댈지도 몰라.

가야한다!
대추리 주민이 지키는 황새울 들판으로
박래군, 문정현님이 지키는 황새울 들판으로
전국에서 몰려든 형제들이 지키는 땅 황새울로, 황새울로!

가을 창가에서

들국화 향기 진한 바람이 언뜻 스쳐갑니다.

한가로운 교정 벚나무 늦은 잎새에도
빠알간 그리움 하나 묻어 있습니다.

부채 살처럼 퍼진 저녁햇살 눈 시리게 튕겨내는
억새풀꽃 휘날림 속에도
가슴 저밀 듯 휑한 그리움이 실려 갑니다.

담장 울타리 고즈넉한 안정 속에
철모르고 핀 개나리 노란빛에도
밟히는 은행낙엽에도
날리는 갈대 꽃 씨앗에도
때 지난 뻐꾸기 울음소리에도
숯처럼 까만 그리움이 울컥 달려듭니다.

가을

물안개처럼 스며든 고요가 뿌옇게 펴져있는 아침
철 이른 벚나무 단풍 하나 길바닥에 몸을 누인다.

늦가을 세찬 바람에도 떨어지지 않으려 안간힘 쓰는
마지막 잎새보다
이른 가을 낙엽이 가는 길이 숭고해서 애처롭다.

비워야 다시 채울 수 있다는 간단한 진리를
말없이 행하는
이른 낙엽을 물끄러미 바라볼 수 있는
여유가 있어 더욱 좋다.

고백

난 아직도
사랑과 욕정을 구분하지 못한다.

내 나이 지천명이다.

공허

가을이 오면
가을이 내게로 오면
움츠린 어깨 낡은 옷깃 세우고
우수의 낯빛으로 내게로 오면
난 찬바람에 날리는 낙엽이 된다.

가을이 오면
가을이 내게로 오면
세파의 상처 시린 가슴
가버린 여름날의 안타까움 안고 내게로 오면
난 서늘한 바람에 이리저리 휘둘리는 갈대꽃이 된다.

때가되면 가을은 내게 오지만
난 항상 가을이 낯설다.

관조(觀照)

4월에 비가 내린다.
창을 마구마구 흔들며 비가 내린다.
창밖에서 두드리는 비바람이 아직도 가시지 않은
겨울 한기를 보낸다.

황급히 뛰는 사람
우산을 쓰고 가는 사람
노란 우비를 입고 가는 병아리 같은 어린이
들고 가던 핸드백으로 머리만 가리고가는
종종걸음의 여인
다들 비에 필사적이다.

비를 맞는다.
표정 없이 비를 맞는 사람이 있다.
서두름도 피할 의지도 없다.
얼마쯤 걸어왔을까,
어디로 가는 걸까,
돌아갈 집은 있을까?

기억저편 길모퉁이 어디쯤
희미한 모습으로 길을 가고 있을 그 아이
우산 하나쯤은 쓰고 있겠지.

귀향

어느 날 그 아이는 식구들 따라 고향을 두고 떠나갔지요.
떠나가던 날 그 아이의 눈에는 고향이
한가득 그렁그렁 담겨 있었고
그런 눈으로 멀어져가는 고향산천을 바라보고 있었어요.

그리고는 바람조차도 그 아이의 소식을 전하지 않았어요.

긴 세월이 흐른 후

노을이 아직도 붉은 저녁 어스름 무렵
이슬 피할 집은커녕
부모친척도 없는 마을길을
기인 그림자 땅에 뉘인 채 휘적휘적 걸어가는
사람이 있었어요.

분명 그 아이였어요.

그곳엔

시간이 눌러 앉아 이끼가 되어버린
작은 슬레이트 지붕 아래
어지럽힐 이 없어 깨끗한 그 마당에
넌 단발머리 계집아이로 꽃신 신고 폴짝대고 있었다.

왼 종일 길게 늘어진 고요가 텅 빈 마당 가득 채우고
햇볕은 슬금슬금 마당 가장자리로 물러날 때쯤이면
정물화가 아님을 애써 증명하듯
감나무 이파리 이따금 가을바람에 흔들리고
고샅길 접어든 넌 엄마 부르며 달려오고 있었다.

시간이 정지된 마당 한 켠에서
홀로 된 노파 객지로 흩어진 자식들 불러 모으자
마실갔던 고양이들 우르르 몰려와
옹기종기 밥그릇 앞에 모여 앉는다.
그렇게도 빨리 품안 자식 뺐어갔던 시간이
노파의 깊은 주름사이에 머물러 있다.

이 길을 오가며 얼마나 많은 발자국을 찍었을까,
행여 시멘트길 위에 너의 발자국 남아 있지나 않을까,
여기 이 공기 속 너의 숨결은 섞여있지 않을까?

고샅길 돌아서는 내 발길에 지난 세월이
그리운 생채기 되어 무겁게 매달린다.

그날을 기다리며

2월!
겨우내 얼어 빠알간
매화나무 가지 끝에는
아직도 남은 겨울이
더덕더덕 붙어 있습니다.

꽃봉오리도 옷깃 꼬옥 여민 채
힘겨운 버티기를 계속합니다.
땅속에서는
노오란 배추 속 같은 쑥의 새순이
바깥세상 동정에 촉각 곤두세우고
그날 위한 忍苦 계속합니다.

아직은 때가 아님을 알기에
힘겨운 버티기 계속해야함을
너무도 잘 알고 있습니다.
그들의 삶에 도는 비장감이
나태해진 나의 일상 추스르게 합니다.

머지않은 날 훈풍이 대지를 감싸고
봄비 촉촉이 뭇 생명들 깨우는 날
모두가 살아있는 녹색 세상 꿈꾸며
그렇게 그렇게 참아 냅니다.

그대 모습에

연단에 늘어선
광대뼈 불쑥 나온 초췌한 몰골에서
사립학교법 개정 쟁취 외치는 당신들의 깡마른 음성에서
함께하는 우리들의 모습에
목이 메워 금방이라도 눈물이 흐를 것 같은
당신들의 젖은 눈가에서 나는 보았소.

지하 고문실
어두운 뒷골목 차디찬 길바닥
자동차 바퀴에 깔려 포도에 짓이겨진 짐승의 몸처럼
군화 발에 뭉개지는 고통을 씹어 삼키며
새우처럼 웅크린 몸으로
이빨 앙다물던
앞서 간 님들의 고뇌를
연단에 늘어선 당신들의 얼굴에서
나는 보았소.

6월의 태양,
말리고 비틀어 마지막 한 방울의 눈물도
그대들 뜨거운 심장의 맥박마저도
용납치 않으려 죄어오지만
이글거리는 아스팔트보다도
더 뜨거운 심장으로
그대의 영혼 적시리라
그대와 함께 가리라.

기어이 피를 보려 하는가

난 너희를 '우리'라고 생각해 본적이 없다.

일본의 식민지가 되어 '우리'가 근대화되었다고 할 때도
미국이 '우리'를 일제로부터 해방시켰다고 할 때도
공산주의자로부터 '우리'를 지켰다고 할 때도
북한의 침공으로부터 '우리'를 지키고 있다고 할 때도

난 거기 없었다.

한미FTA를 맺으면 '우리'의 국익이다라고 말할 때도

'우리'의 국익을 위해
이라크, 아프가니스탄에 군대를 파병한다고 할 때도
이제 '우리'는 2만불 시대 살게 될 것이라 할 때도

난 거기 없었다.

국민의 생명과 재산을 책임져야할 너희가
미 축산업계 대변자가 된 오늘날

난 아스팔트에서 어둠을 밝히는 '우리'의 촛불이 되어
민주주의는 피를 먹고 자라는 나무라는
역사의 엄숙한 선언의 옳음을
증명하고 있어야했다.

촛불을 짓뭉개고 싶어하는 너희에게 맞서
'우리'의 촛불을 지켜야했다.

기어이 기어이 피를 부르는가? 너희들은….

길

내가 걸어온 길에는 천둥번개와 함께
세찬 비바람이 불었다.

가본만큼 안다고 했던가.
머리론 이해되지만 가슴으로 이해되지 않는 것들
내 의지대로 흘러간다고 생각했던 것들이
종교적 해석으로 이해가 될 때면
세파에 시달려 닮아버린 내 모습이 거울 속에 비친다.

세월의 발자국 따라 걷다 잠깐
희미한 모습으로 서 있을 듯한
그러나 각자의 길을 따라 세월 속으로 떠난
그 아이가 가슴 시리게 찾아든다.

오늘
넓은 창밖 구름 사이로 이따금 내미는 서쪽하늘의 해는
바닷물 위로 희번덕거리며 조각조각 부서지고
불안하게 예감했던 그 순간 속에 체념이 머문다.

그리고 나는 내 갈 길을 간다.

꿈에

여길 보세요.
내가 살던 집터예요.
칡넝쿨 걷어 내니 보이잖아요.
부엌이 있었던 자리에요.
밥 짓는 어머니 뒷모습이 보이지요.

보드라운 햇살 활짝 펴진 마당에는
노란 털실뭉치 같은 병아리 네 마리와
파수꾼 어미닭의 깃 세운 허세가 보이나요?
주인 발길 따라 고개 까딱대며 쫄랑쫄랑 뒤따르는
강아지 통통한 엉덩이도 보이지요.

조금 있으면 집 뒤 대밭에서
이순신 장군 흉내 내며 놀던 형이 나타날 거예요.
동무들과 봄나물 캐어 바구니 이고 오는
봄 처녀 누나의 재잘거림과
꼬부랑 논둑 따라 물꼬보고 오시는
아버지 헛기침 소리도 들려오잖아요.

떠난 지 너무 오래되었어요.
다신 못 돌아갈 지도 몰라요.
내 고향 통영에요.

제 2 부

나의 아버지

너와 나

철쭉 꽃피는 봄날
벚꽃은 지고

등나무 꽃향기 세상 덮을 때
민들레 홀씨 바람에 날려
그렇게 나른한 봄날은 간다.

같은 날
피는 꽃과 지는 꽃은 짧은 순간 어그러짐이나
그렇게 끝없이 돌고 도는 어우러짐이어라.

나의 아버지

돈 없어 대학 못 보낸다던 막내아들
선생님 되는 학교 합격 하자
평생 막걸리 한 사발에 인심 잃던 그 아버지가
보란 듯이 경로당에 막걸리 한 말 내셨단다.

토호 집안 아들로 훈장 한다며 평생 한량이시던 할아버지
대 잇는다고 환갑 가까운 나이에
열일곱 살 새색시 할머니 네 번째로 맞아
씨 세 톨 떨군 뒤 세상 떠나고
청상과부 할머니 그 원망 자식들에게 전해져
아버지 살아생전
'글 줄 읽은 놈들 평생 빌어먹는다.'던 그 말씀이
할아버지에 대한 원망일 줄이야.

없는 살림 식구는 많아 내 한입 줄이자고
남들은 끌려간다던 징용을 자원해 가시고
'버는 자랑하지 말고 쓰는 자랑하라'고
자식들 귀에 못 박으셨던 말씀은

일곱 살부터 머슴살이 설움의 한 맺힌 절규인 줄을….

부부싸움 할 때마다 마누라 편에 서서
꼬박꼬박 말대꾸 하던 막내아들 무에 그리 보고 싶어
편찮으신 몸 이끌고 공주까지 오셔서
하숙집 아들 방에 함께 자고 싶다던 아버지를
남에게 폐 끼친다는 핑계로 돌려세운 막내아들
집으로 가시는 길 얼마나 허탈했을까.

식물상태 사나흘을 막내아들 냄새 맡고서야 눈 감으셨네.

세월은 흘러
자식 키우다 언뜻 돌아보니 그 길이 내 길일 줄이야.

너

내게는
이른 아침 물안개 피는 동천보를
물끄러미 바라보게 하는 사람이 있다.
내게는
비오는 일요일 오후 넓은 창가에서
내리는 빗줄기를 마냥 바라보게 하는 사람이 있다.
내게는
석양 무렵 산들바람의 메밀꽃밭에서
서성이게 하는 사람이 있다.
내게는
바람에 흩날리는 낙엽 속을
혼자 걷고 싶게 하는 사람이 있다.
내게는
인적 드문 하얀 눈밭을 헤매게 하는 사람이 있다.

눈은 내리고

— 동천보의 겨울

겨울 동천보에는
늦가을 햇살 짧음을 아쉬워하던
어린 모래무지 동자개 각시붕어
제 집 찾아 가버린 지 오래고
물가 풀 섶엔 지난 계절 반추에 여생 보내는
갈대, 억새풀꽃 탈모된 머리카락 눈바람에 힘겹고
가끔 찾아주던 기러기 원앙이도
제 갈길 겨워 발걸음 뜸해진 날.

쏟아지듯 꼬꾸라지듯 내동댕이쳐지는 눈발이
무관심한 남의 일 대하듯
시시껄렁한 세상사 덮어버리듯
그렇게 그렇게 쉼 없이 눈은 내리고
보(堡) 건너 한길
드문드문 느린 발걸음의 자동차 마음만 바쁘고
어지러이 흩날리는 눈 그칠 줄 모르는데
행여
모퉁이 돌아 파래진 얼굴로 손 흔드는 이 있을라.
몇날 며칠인가, 그렇게 젖어본 날이….
넓은 창가 팔짱끼고 내다본 날이….

다시 또 봄

속절없이 지나가버렸네 그려.
그 땐 징그럽게도 느리게 흐르던 시간들이
돌이켜보니 쏜 살이네 그려.

사실
쏜 살 같다는 이 말도
눈이 침침해지고 사진 찍기가 부담스럽다는
생각이 들 때 쯤
이해가 되었지 가슴으로 말이야.

친구들!
고마워 같이 늙어줘서.
나 혼자 이 길을 걸어왔더라면 얼마나 외롭고 두려웠을까?
그래서 이 길을 먼저 간 사람들이 그랬나봐.
"동무 따라 강남 간다."고.

새봄이야.
햇살이 무척이나 따사롭네.
새봄이 된다한들 무슨 기적이 나를 기다리겠느냐마는
봄은 그 자체가 희망이잖아.

친구들! 고마워 같이 늙어줘서
오늘도 즐겁고 당당히 늙어가자. 지화자!

단비

비가 온다.
오랜 가뭄 끝에 비가 내린다.
타들어가던 배추도 한 방울만이라도
달라고 아우성치던 상추도
이제 더 이상 버틸 수 없다고 허리 꺾던 당근도
하늘 향해 두 팔 벌린다.
우레 같은 천둥소리는 축포소리
번갯불은 수상식장 플래쉬 불빛
행여 비 그칠까 조바심은 신앙의 간절함 된다.

헤헷히히, 헬헬낄낄, 켈켈큭큭

그대 듣고 있는가,
싱그러운 초목의 웃음소리를!

당신 앞에서

내가 날 생각하기론 씩씩하고 용기가 있습니다.
내가 날 생각하기엔 외향적인 성격입니다.
내가 날 생각하기엔 유모어도 있습니다.
내가 날 생각하기엔 모질기도 합니다.
내가 날 생각하기엔 폭력적이기조차 합니다.
그러나
당신 앞에서 나는 한없이 한없이 작아집니다.

당신을 보내고 나면

이제

당신을 보내고 나면
보고 싶을 땐 어쩌지요?
누구 가슴에 얼굴 묻고 울지요?

연초록 새싹 돋아나는 날 세상 가득 햇볕만 외로울 때
마을 뒷산 온종일 울어대는 뻐꾸기 소리에
바람 부는 날 빈 들판 가득 채운 외로운 적막에
당신모습 보일 땐 어찌 하나요?

장마 속 풀빛 서럽게 짙어진 날
가지 떠난 낙엽 거리에 이리저리 휘둘리는 날
인적 끊어진 산골 펑펑 눈 내리는 날

당신은 거기 우두커니 있을 테지요.

맹인의 달

이글이글 폭염에 와글와글 매미소리
하루살이 나폴나폴 석양빛에 점점이 박히고
산 그림자 늘어지는 어스름 무렵
집으로 돌아가는 매미 내일을 기약하지만
하루살이 그저 멍한 표정 짓는다.

다른 이 눈들 피해 옥수수 밭 숨어든 고슴도치 연인
더욱 다가서려 애쓰지만 서로에게
상처 되는 기막힌 운명이어라.

거친 폭양은 갈 길 먼 나그네의 발걸음을 부여잡고
바람 한 줌에 한들대는 길섶 강아지풀
고추잠자리 따라 가을을 재촉한다.

보름달이 뜬 산골
맹인은 달을 뚫어져라 쳐다본다.

무상

당신은
밤새 쌓이고 쌓여 굳어진 한 방울의
볏잎 끝에 매달린 영롱한 이슬로
떠오르는 아침 햇살 화살로 튕겨내어
서늘한 나의 심장에 쉴 새 없이 쏟아 붓습니다.

당신은
오늘 아침 유행가 속에서 불현듯 나타나
1978년 사진 속으로 날 내동이치고
한동안 뭉게구름 한가로운 파란 가을
하늘만 바라보게 합니다.

부산과 공주의 거리만큼 좁혀지지 않은 채
세월에 빛바랜 기억은
깊숙하고 어두운 내 가슴에 먼지처럼 내려앉아
그렇게 관심에서 멀어져갈 것입니다.

당신은
밤새 쌓이고 쌓여 굳어진 한 방울의
볏잎 끝에 매달린 영롱한 이슬로
떠오르는 아침 해를 따라
머지않은 날 나의 기억 속에서 사라져갈 것입니다.

무창포에서

짙은 어둠은 바닷가에서 헤매고
검은 파도는 석양을 삼킨 지 오래
사방은 고요 속에 몸을 누이고
따뜻한 겨울바람이 제 철을 잊었다.
현실은 어둠 속에 녹아들고
감성은 이성을 뒤로한 채
둘의 사랑은 평화 속에 몸을 뉘였다.
최소한의 공간에만 터를 잡는
해안가 가로등이 조는 듯 부드럽고
숨죽여 숨죽여 해안으로 파고드는 파도가
간간히 힘에 겨워 토해내는 찰삭임이 귓전에 맴도는데
부서져 더욱 작아지려 밟히는 조개껍질 가루의 감촉이
부드러운 이 밤
모두의 세심한 배려로 밤은 깊어가고
마주보는 당신의 두 눈은 그대로 풀밭이어라
만날 수 없는 현실에 더욱 애틋해지는 사랑이
그럴 수밖에 없는 당위성에 짓눌려 방황하던
수많은 시간에

지금은
호수공원 안락 속에
오직 너 하나가
내가 아는 세상의 모든 것 되어
가슴 벅찬 감동 안고 점으로 점으로 사라져간다.

미로(迷路)

날이 바뀐 지 오래
혼자만의 속앓이 차디찬 확인

분명
내가 머물 곳은 아닌데
옷깃 세운 낡은 트렌치코트
힘에 겨워 푹 숙인 고개

아! 이제 어디로 가야 하나.

뚜벅 뚜벅 내 구두 발자욱 소리
천둥처럼 울려 곤히 잠든 사람 흔들어 깨운다면

아! 한 발자욱도 내디딜 수 없는 두려운 망설임

어둠은 언제든 다시 덮칠 기세로
여윈 어깨 가로등 불빛주위 우~우 몰려있고
끝자락 겨울밤 공기 맵싸하게 코끝을 스치는데

어느 집 창문 하나 행여 한 오라기 불빛이라도
두리번거리는 내 초라한 몰골
부엉이 눈 같은 시린 새벽달

모두들 잠들었는데
모두가 잠들었는데….

미인

아름다운 사람아!

전엔 당신과 마주친 적 한 번도 없습니다.
오늘도 옆에 앉아 계셨지만
이야기 한번 나누지 않았습니다.
그러나 조국통일을 연호하며 웃는 당신의 두 볼
타고내리는 눈물은 절로 제 것이 되었습니다.

아름다운 사람아!

우리라는 커다란 덩어리로 당신은 묻히곤 했지만
구석에 앉아 분명 당신은 온몸으로
통일의 역사를 쓰고 있었습니다.

아름다운 사람아!

'우리는 하나다' '우리민족끼리 반전평화통일 이룩하자'
우레 같은 함성이 합창의 메아리로 하늘높이 솟구칠 때
당신의 눈물은 바닥으로 흘러
그대로 조국이 되어 갔습니다.

아름다운 사람아!

일상으로 돌아온 지금도
그대의 고혹적인 모습에 넋이 나갑니다.

민주주의

혓바닥 날름거리며 기어오르는 억센 근육질의 구렁이에 맞서 어린 새끼 곁을 차마 떠날 수 없는 작은 어미 새의 처절한 몸부림을 그댄 보았는가.

봄비

늙어간다는 것은 어쩌면 익숙한 것들과
헤어지는 과정일는지도 모른다.

버스 차창 밖
밀려난 풍경이 한없이 작아져 사라지듯
그렇게 나의 기억들이 희미해지는 것이다.

봄비 내리던 어느 날
초가지붕을 타고 내리던 낙숫물에
온통 정신을 뺏기던 작은 계집아이도

검정교복 옷깃이 유난히도 희었던
단발머리 소녀도 아득히 멀어져 희미해져버린 지금

늦은 휴일 아침
창밖에는 봄비가 내린다.

봄을 기다리지 마라

오늘은 어제에서 나오고
내일은 오늘로부터 간다.

새해라고 들뜨지 마라
함부로 희망을 얘기하지 마라.
지나친 희망은 수천 길 나락으로
자신을 내동댕이칠 수도 있는 일….

내일을 기다리는 시간에
화롯불 살릴 삭정이 찾아
힘들어도 산을 오를 일이다.

제3부

이 길 나서면

새봄

겨울 찬 서리 아직도 붙어있는 나목(裸木) 가지에
멧새 방정맞은 촐싹임마저도
정겨운 아침.

행여 와 있을지도 모를 봄을
애써 찾아보지만
봄은 완행버스를 타고 먼 산 저쪽 모퉁이에서
덜컹대고 있다.

봄이

봄에 태어나서 그냥 봄이라 불렀지요.

자라나는 이빨 간지러워 신발 물어뜯다
많이도 혼나곤 했지요.
목욕도 싫어해서 냄새난다고
추운 바깥에서 살았었어요.

봄이는 남이 그저 준 작은 잡종견이었어요.
근데 말이예요,
주인 따라 산이나 들로 다녔어요.

종일토록 일하는 주인 곁을 지키며
힐껏 주인 얼굴 한번 보는 것으로
무료함을 달래다
주인 앞장서서 집으로 돌아오곤 했지요.

텅 빈 저녁 집
차 소리 들리면 바람같이 달려와
꼬리 흔들고 있었지요.

그걸 행복으로 알고 살았어요.

바람이 쌩쌩 불던 추운 겨울 밤
혼자서 애기 낳다 지쳐 그 애기와
다시는 못 올 길 가고 말았어요.
병원 데려다 달란 말 한마디 못하고
서서히 식어 갔겠지요.

그깟 개가 죽었다고 울다니요.
그것도 지천명 지난 마초의 '싸나이'가
천만에요.
목구멍 가득 솟구치는 붉은 것
차디찬 소주 한산 삼켜내려요.

사진 한 장

사진 한 장 속에는 참 많은 것들이 들어있다.
지난날의 사랑이 방황이 수줍음이 그리고 좌절이
온 세상을 짓누르는 고뇌가 고스란히 담겨 있다.
사진 한 장 속에는 너무도 많은 것들이 담겨있다.
팔사년 오월도 아름다운 그대도
'참을 수 없는 존재의 가벼움'도
그래서 한없이 작아지는 자신도 들어 있다.
사진 한 장 속에는 헤아릴 수 없을 정도의 것들이
살아있다.
아직 죽지 않은 사랑과 번민
그리고 실현될 것 같지 않은 희망까지
모든 것들이 살아 숨 쉰다.
그러나
무심한 사람의 눈에는
그냥 사진 한 장일 뿐이다.

세상 이치

오늘은 당신을 처음 만났을 때
예견했던 날입니다.
다만 그날이 천천히 오기를 간절히 원했습니다.

봄철 새순은 가을 낙엽으로
붉은 꽃 시들면 내년 씨앗으로
그렇게 흘러가는 것이 세상이치라는 걸 알기에
사랑한다는 말 속에서
떠남의 아픔을
애써 짓눌러야 했습니다.

오늘은 당신을 처음 만났을 때
예견 했던 날입니다.
다만 그날이 먼 곳에 있기를 간절히 원했습니다.

세상에나!

— 2016~17 촛불

어느 집회에서 사람이 많아 불편한 적 있었던가요?
지인을 만날 수도
앉아서 소주 한잔 나눌 공간도 내주지 않는 당신
내 의지와는 달리 당신에게 떠밀려 다녀도
마냥 즐겁기만 했어요.

당신을 처음 보는 순간 생면부지라는 말이 떠올랐지만
우리는 이미 서로를 보며 웃고 있었지요.

혁명은 피로써 완성된다는 말이
민주주의는 피를 먹고 자란다는 말이
우리에게는, 지금 이 순간에는 맞는 말이 아니었어요.
세상에 어떤 혁명이 이렇게 평화로울 수 있었던가요?

타도의 대상조차도 척결의 대상조차도
그렇게 밉지 않았어요.
조급하지도 분노스럽지도 않았어요.
그저 당신과 함께 외치는 함성도 노랫말 같았었지요.

새로운 경험이었어요.
단 한 번도 생각해보지도 못한 싸움이었어요.
당신과 나의 믿음이
이렇게 아름다운 승리를 가져올 줄을….

수구초심

바람이 휘이잉 불어대고
눈발이 칠칠 날리는 어느 날 저녁

통영바다 가로등 불빛에 어른거리고
까무룩 졸던 간드라 불빛이
비닐 틈새 비집고 들어온 차가운 바람에
부르르 몸서리치는 포장마차에서

너랑 마주앉아

시리 찬 소주 한 잔에
목구멍까지 차오른 지나온 얘기들
펑펑 씻어 내리고 싶다.

시를 짓는 고통

창작은 책상머리에서
어지러이 종이 구겨버리는 짜증은 아니다.

창작은 좋은 두뇌로
머리 쥐어 짜 꺼낸 고뇌 덩어리는 아니다.

창작은 남의 얘기를 내 얘기처럼 꾸며 쓰는
관념의 유희는 아니다.

창작은 귀한 댁 도련님의 호사스런 취미는
더더욱 아니다.

창작은 살다가 살아가다 부딪혀 생긴 생채기가
딱정이 되고 옹이 되어
순간 순간
자연스레 터져 나오는
삶의 편린들이다.

어느 봄날

햇살이 나무 옆에 비스듬히 기대어 서고
넝쿨장미 바람 따라 바깥구경 고개 주억거릴 때
햇빛 따라 내려온 듯 바람결에 날아온 듯
그렇게 홀연히 당신은 오셨지요.

아득한 수평선 너머로 그대 사라져 갈 때
잠꼬대 허둥 손짓 애꿎은 허공만 갈랐고
손가락 끝에 부딪혀 떨어진 무수한 허무가
황사처럼 가슴에 버석거렸었지요.

햇살이 번쩍 뜬 눈으로 녹음을 지키던 어느 봄날
맑은 바람결에 실려 그대 내 곁으로 오셨지요.

어떤 Coming Out

탐관오리의 음험한 횡포에 맞서
친일 지주들의 비릿한 탐욕에 맞서
명줄 끊길지 모를 소작쟁의에 목숨을 걸었던
그들을 빨갱이라 한다면
내일처럼 받아들이는 나는 빨갱이다.

일제 총칼에 갈갈이 찢겨진 조국을
맨살로 부둥켜안고
설한풍의 만주, 지리산, 태백산맥 골골마다
장미꽃보다 더 붉은 피 산하를 적시고
마지막 토해낸 사랑의 말
'어머니'를 부르며 죽어간 그들을
빨갱이라 욕한다면
그들을 존경하는 나는 분명 빨갱이다.

친일, 민족 반역자 다까끼 마사오,
이어 탐욕의 무리가 유린하고 구축한 폭정에
차디찬 포도 위 지랄탄 곤봉세례 눈코핏물 닦을 새 없이

꽃병으로 맞섰던 그들을 빨갱이라 한다면
나는 기필코 빨갱이다.

죽음이 무언지조차 가늠하지 못하는
이라크의 어린 생명 위에
인간이기를 포기한 채
거리낌 없이 퍼부어대는 미제의 소나기 미사일
이건 정녕 사람일 수 없다며 규탄하는 그들을
빨갱이라 욕한다면
나는 차라리 빨갱이일수밖에 없다.

에둘러 가는 길

산업화다 도시화다 길은 곧게 곧게 뻗어간다.
세계는 일일생활권 전국은 반나절 생활권

그대!
꽃샘추위 오솔길
제비꽃 작은 어깨가 애처로워 보인 적 있는가?
고불고불 산 길
멧새소리에 화답하는
연분홍 진달래 향기에 취해 본 적 있는가?

그대!
쏟아지는 소낙비에 흠뻑 몸 적시며
하늘 향해 두 팔 벌려 미친 듯 웃어 본적 있는가?
내리쬐는 폭양 가로수 속 매미만 신나 떠들던 길
여름 날 풍성한 녹음 사이로 스치는 바람 한 점에
고마움 느껴 본 적 있는가?

그대!
누런 볏잎 끝에 매달려 햇빛 사방으로 던져내는 논두렁 길

아침이슬 영롱한 눈부심에 가슴 벅차 본적 있는가?
떨어진 오동잎 바스락 밟히고
길섶 코스모스 하늘거리는 길에서
가슴 저미는 외로움 느껴본 적 있는가?

그대!
이른 아침 하얗게 내린 서리 눈처럼 덮혀 있는 길 걸으며
유년시절 회상에 발걸음 멈춰 본 적 있는가?
길을 걷다 문득
동행하고픈 사람 떠 올리며
그리움 한 올 건지려 애타 본적 있는가?

이제는 사라져 간다네
에둘러 가는 고불고불 굽은 길이….

연정(戀情)

멀쩡하다가도
널 연상시키는 무언가에 생각의 촉이 닿으면
간질병 환자의 발작처럼
나는 감전된 물고기가 된다.

오월

얼마나 주렸으면 흰 쌀밥으로 보였을까,
쏟아지는 햇살 속 하얀 소복 이팝나무.

나물 캐어 장에 가신 엄마
기다리는 동구 밖 어귀
눈부신 하얀 찔레꽃 벌들만 분주하고
길디 긴 하루 해
뉘엿뉘엿 서산마루 걸칠 때
한 움큼 허겁지겁 달래던 허기.

이른 저녁 어둠처럼 내려앉는 아카시아 향기에
지독히도 가슴 저림이 사랑일 줄이야.

모든 것들 흘러가고
반백의 사내 눈에 그렇게 또 5월은 왔다 간다.

우리

쌀 한 톨 없어
부황 나 죽어가는 자식 바라보다
죽창 든 분노가 우금티 마루에서 피로 흐르던 아픔을
내 것으로 느끼지 못하는 사람들에게
우리는 그들을 우리라 부르지 말자.

토지조사령에 문전옥답은커녕
소작마저도 빼앗기고 명줄 길어 찾아 간 설국의 만주에서
설한풍 동상에 어린 자식 발목자르다
기어이
곡괭이 날도 튀는 동토에, 버석거리는 가슴에
그 자식 묻고
애간장 끊기는 고통에
핏발 선 눈으로
일제의 촉수에 비수 꽂던 이들의 슬픈 분노를
내 것으로 받아들이지 못하는 사람들을
우리는 우리라 부르지 말자.

전태일, 박종철, 이한열, 강경대….
그들의 죽음조차도 빈정거리는 그들을
우리는 절대로 우리라 부르지 말자.

IMF 환란 시기
많은 가정이 풍비박산 나던 때
서울 강남 고급 룸싸롱에서 "이대로"를 외치며 건배하는
기름기 번들거리는 얼굴의 그들을
죽는 한이 있어도 우리는 우리라 하지 말자.

유행가

노래가 들려옵니다.
블루스 리듬의 노래입니다.
처음 듣는 노래임에도
뼛속을 저려오는 아픔이 느껴집니다.
아니 오래전에 들은 것도 같습니다.
하여 며칠을 계속 쉼 없이 듣습니다.

그 노래로 인하여
아무 일도 할 수가 없을 정도로 좋습니다.
머릿속에 환상이 펼쳐집니다.
현실로부터 도피하고 싶습니다.
현실도 꿈인 듯 아련합니다.

사춘기로부터 너무 멀리 온 나이인데도
그 때의 감성이 살아나 이내 전율로 바뀝니다.

하지만 난 압니다.
이런 노래는 자꾸 들으면 지겨워진다는 사실을….

이 길 나서면

다시 볼 수 있을까, 우리 집과 이 동천보 동네를.
다시 만날 수 있을까, 먹을 것 밖에 모르는 저 거위와 닭을.
촐랑대는 유기견 출신 밤이도 이상하게 생각할 테지,
우리 주인 왜 안 올까?

모이 주던 바가지, 텃밭 밟던 장화,
뜨겁던 여름날의 밀짚모자
우우 나서며 길을 막는다.

아마 별일 없겠지, 큰일이야 있을라구!

이율배반

썩어 거름으로
모체와 다시 만난다 해도
가지를 떠난 나뭇잎은
'쨍그랑' 소리와 함께
사실 모체와 인연을 다하는지도 모른다.

졸업식 날
아이들이 떠나가는 것은
분명 축하해 줄 일이건만
텅 빈 교실을 둘러보다 뒤 한번 돌아보지 않고
교문 밖을 나서는 아이들을
휑한 가슴으로 바라보는
교사의 마음은
수확 끝난 늦은 가을 들판을 지키는 허수아비다.

결혼식장에서 시집가는 딸에 대한
아비의 마음이 눈물일 수밖에 없는 것
또한 모순일 수밖에….

우리는 아이들의 성장 속에서
머지않은 날에 떠남을 볼 줄 알아야 한다.

제 4 부

찬바람이 불면

인생

한 잔의 소주가 내 모든 시름을 거둬 가리라는 기대는
애당초 하지 않았다.
한 잔의 소주가 지나온 나의 길을
합리화시켜 줄 것이라는
어리석음을 이미 나는 멀리했다.
그리곤
2홉짜리 소주 2병을 샀다.

그리고는
내게 물었다.
산다는 게 뭔가?
나는 대답했다.
내일 또 2병의 소주를 사는 것이라고.

일상(日常)

그대 향한 상념은
마을 앞 동구나무 우듬지 끝에 노란 손수건으로 매달려
행여나 그대 소식 바람에 묻어올까 귀 기울일 때
무싯날 눈부신 햇살과 푸른 하늘 조각구름 무심히 흘렀다.

그리움은 나만의 것이라 자조하는 건
행여 부담으로 던져질까 걱정되는 배려

한 발짝 떨어져 바라볼 수 있는 나이이기에
이건 사랑이 아니라 수컷의 헤픈 욕정일 뿐이라고
다독여 보지만

부정할수록 칡넝쿨처럼 감겨드는 연정에
피식 한조각 웃음 물어봅니다.

잔영(殘影)

놓칠까 움켜쥘수록 새어버리는 물처럼
쥐어짜내려 발버둥 칠수록 희미해져 가는 그대 모습이
밤하늘 무수한 별들로 산산이 부서져 내립니다.

바람결에 스치듯 보았던 회색머리 단아한 그대 모습이
하이얀 치아 살짝 드러낸 배시시한 엷은 미소가
가을비 추적거리는 어느 날
포도 위에 뒹구는 노오란 은행잎을
하염없이 바라보는 빛바랜 모습이
떠올리려 안간힘 쓸수록 달아나버리는 안타까움 되어
아직도 사춘기 정신세계에서 헤매고 있는
초로(初老)의 사내에게
오늘 밤도 불면으로 다가옵니다.

불혹을 넘어 지천명 지난 지도 오래
남들은 하기 좋은 말로 열정적이라 하겠지만
정신 지체의 장기화로 행여 나이 값 못하는
철없는 인간으로 비춰질까 삼가 두렵습니다.

세상사 누구에겐 존재감 없는 것들도
때에 따라 누군가에겐 생명줄도 되듯이
흔한 그리움도 내겐 중독의 사랑
살아온 날보다 살아갈 날이 짧아진 이 시점에서
상품화된 TV속 젊은 얼굴들과 비교할 수 없지만
지난날들이 오롯이 잔주름으로 새겨져 있을
당신의 얼굴은
제겐 언제나 되돌아가고픈 고향입니다.

재회(再會)

부를수록 멀어져
차마 더는 손 내밀지 못하고
바라만 볼 수밖에 없었던
지난 날 오월의 안개 꽃 그대도
이제는
낯선 집 울타리 안의 가을 국화로
어김없이 세월에 젖어드는데
내게는
아직도 오월의 푸른 기억으로 남아 있습니다.

아파 서러움에 배회했던
어두운 일신 역 길을
오월 시린 햇볕 아래 다시 서 보지만
현실이 발목을 잡아
이내 발걸음 터어벅 가을로 돌려놓습니다.

깨어있는 순간엔 무시로 찾아들고
조각 잠을 자는 섣달 기나긴 겨울밤에도
가을 안개처럼 그대는 조용히 스미어 오는데

눈을 뜨면 증기처럼 사라질까 두려워
새겨 뚜렷한 84년 5월을 조심스레 안아옵니다.

눈 내려 하얀 밤
밝은 새벽 달빛은
오월 그 때 푸르러 서럽던 그 햇살로
차갑게 다가오지만
얼마 남지 않은 시간에 아침은 오고
마주칠 수 있는 순간 있음에
가슴 벅차 오릅니다.

적막(寂寞)

— 소리 없는 아우성

바람이 오고 갈대가 운다.
캄캄한 밤, 바람이 불 때면 갈대는 서걱대며 운다.

연초록 앙증스런 봄날도
연인들의 밀어 엿듣던 짙푸른 여름날도
저 멀리 기억 밖으로 밀려나고
모두의 발길이 뜸한
회색빛의 어느 날 밤 갈대는 몸부림치며 운다.

지금도 갈대는 운다.
텅 빈 공간을 갈대는 울음으로 채우고 있다.

조국

나의 조국은
내 할머니
뙤놈들 여자공출에 화냥년 만들고
쪽바리 게다짝 밑에 정신대 만들고
내 누이 양키 털복숭이 팔에 양공주 만들어 바쳤다.

내 조국은
울 아버지 일제치하, 남들은 끌려갔다던 징용을
입에 풀칠하기 어려워 자원케 해 보내고
부지런히 노동하는 놈 잘 사는 세상 만들자는
내 입에 재갈 물린다.

지금
나의 조국은
나에게 반쪽 생각만 강요한다.
왼손잡이는 안돼
왼쪽으로 돌아서도 안돼
빨간색으로 이름 쓰면 안돼
남자가 빨간색의 옷은 어울리지 않아

하지만
죽어 너 될 나이기에 그댄 분명 내 조국!

지리산

거기엔
혁명도 반동도 살인의 광기도 파르티잔의 마지막 신음도
산이 되고 없었다.

거기엔
폭정에 허리 꺾인
민중의 고통도, 분노의 저항도, 일제의 억압도
양키의 누린내 나는 음흉한 웃음 속에 희멀겋게 녹아들어
가끔 산 자의 무심한 회고만이 산기슭을 헤매고 있었다.

불타버린 고사목은 꼿꼿이 하늘을 찌르고
그을린 자국의 검은 상처는
님들의 분노를 형상하였다.

천왕봉으로 향하는 가쁜 숨결은
차가워 보다 뚜렷한
임들을 향한 자기 결단으로 내뱉어지고

시리 찬 눈보라는 결단을 흐리게도 하지만
얼어 더욱 단단한 결기로, 송곳 같은 날카로움으로
저항의 산 지리산이 되었다.

고목 하나 바위 하나에도 피와 살이 배고
어루만지는 손끝에는 50년의 세월이 오늘로 다가서고
골짜기마다 울어 두견새
또렷이 가슴에 박힌다.

고사목과 함께 지리산을 사진에 남겨두고자 함은
님들의 길을 따르겠다는
최소한 결심

저항으로 죽어 지금껏 살아있고
분노로 죽어 봉우리로 우뚝하고
뜨거운 가슴으로 죽어
포근한 지리산으로 영원히 내 가슴에 남는다.

찬바람이 불면

찬바람이 불면 까닭모를 슬픔이 주위를 어슬렁거린다.

광주에서 자살한 20대 주부의 마지막 절규가
또 찬바람이 된다.
"새 신발 못 사줘 미안해"

찬바람이 불면 슬픈 세상사만 와락 달려든다.

많은 것을 바라지도
호사스럽게 살고자 한 것도 아닌데
늘어가는 빚에 농민 노부부가
한스러운 세상을 마감하는 2008년 가을, 대한민국!

신자유주의 광풍은 또 찬바람이 된다.

찬바람이 불면 낙엽도 슬픔이 된다.
그저 가는 길인데
갈 수밖에 없는 길인데….

참회(懺悔)

망초 꽃 피고 지길 수십 차례
검은색보다 흰색 머리칼이 더 익숙한 지금
그녀를 위한 단 한마디의 변명이 허락된다면
운명이었다고

두견이 울음도 잦아든 시간 끝자락에
가물거리는 기억 저편에
그녀에게 바칠 단 한 줄의 글이 허락된다면
"사랑했노라, 그리고…."

또다시 먼 훗날…,
꽁꽁 언 대지, 눈보라 세찬 날 맨발로 무릎 꿇고
염치없어 차마 끝까지 못다 쓴 말
손가락 닳도록 새기리라 그녀 묘비에
"아직도 사랑하노라"

촛불

영하 십도가 넘는다더군.
올 겨울은 유난히 춥다고도 했어.
우리는 겨우 삼십육도야
어떻게 버티겠어 이 추위에

근데 말이야.
모이는 거야. 설마하며 모이는 거야.
미안해서도 모이고 의무감으로, 관성으로, 모이는 거야.
전국 방방곡곡 그냥 모이는 거야.
꾸역꾸역 광화문거리가 비좁도록 모여드는 거야.

모이니까
기적이 일어나더만
하얀 입김으로
박근혜 탄핵을
어깨 걸고
쌓여온 적폐를 부르짖더만

아~
누구는 기적이래
누구는 혁명이라네
누구는 적폐청산이라데.

죽창으로도 바꿀 수 없었던 모순을
바친 피가 강물처럼 흘러도 무너뜨릴 수 없었던
저들의 벽을
그 작은 촛불로 지졌어
삼십육도의 체온으로 녹였어
이제 시작이야
가야지 통일의 그날로.

친구에게

겨울이 왔네.
너무 오랜만인 것 같으이.
자네가 있는 그 곳은 지낼만 한가?

여보게 친구,
2004년 한반도는
경의선 경원선이 녹슨 철조망 걷어내고
금강산 가는 길은 수시로 열려
수많은 사람 오고가는데
자네 그 길에 있나?

여보게 친구,
살아생전 넘어 보겠다던
임진강 헤엄쳐서라도 건너겠다던
건너다 죽어 원혼이라도
휴전선 철조망 물어뜯어 허물겠다던
자네 생전의 취중진담이
흰 눈 되어 내 차가운 술잔에 내려앉는 이 밤
자네

지금 내 곁에 있나,
자네
지금 그 길에 있나?

탑정저수지에서

저수지는 푸른 옥빛으로 얼어붙어 있었다.

그날 하늘엔 별도 없었고
손짓하는 네온사인과 간판 불빛만이
상업성을 드러내고 있었다.
넓은 저수지 간간이 들릴 법도 한
물 찰싹이는 소리 어디에도 없었다.
그럴 수밖에 없었다.

여름 흔해 귀찮던 새소리 매미소리
계절 속으로 잠겼고
소쩍새 울음소리
또한 계절과 함께 떠났다.
생음악을 하는 무명가수의 애절한 사랑노래가
내 노래가 될 때도
일상적인 얘기만 어색한 공간을 채우고
시간은 그렇게 제 갈 길을 갔다.

이따금 얼핏 비친 그대 눈 속에
난 집시 여인을 사랑했던
노틀담의 곱추가 되었고
아씨를 사랑했던
벙어리 삼룡이가 되었다.
그럴 수밖에 없었다.
‘…….’
얼어붙은 저수지는 파도칠 수가 없었다.
그럴 수밖에 없었다.

파도

치달리고 내달려 끝끝내 절벽에 머리 받고
허연 포말로 산산이 부서져야 파도인 것을
순간도 쉬지 않고 부딪혀 시퍼렇게 멍이 들어야
파도인 것을
바위를 치는 달걀임을 알면서도
그렇게 그렇게 쉼없이 부딪히고 깨져
흔적없이 사라져야 파도인 것을

그 땐 왜 그리도 두려웠을까.

편견

조상 잘못 만난 죄 밖에 없다.
이유 없이 남에게 해코지한 적 없다.
얘기 한번 나눈 적 없는 이조차
내가 징그럽고 싫단다.
억울하다.
'…….'

그래도 뱀은 징그럽다.

호영이 형

형!

다 그대로인데
모든 게 다 어제처럼 있는데
내일도 그대로일 테고
아니지
그래 아니야
변했어 바뀌어 가고 있어
그대로였으면 하고
어제를 붙들고 싶은 내 마음일 테지.
시간이 약이래
사람은 언젠가는 형이 간 그 길을 간다고 하데.
그럴 거야.
내가 생각해도 틀림이 없어
하지만
형!
이제 겨우 서른아홉이잖아
아직은
그 급한 성질 잊어버릴 때가 아니잖아

웃는 얼굴 못 보여 줄 나이는 아니잖아
11살 난 솔이도 있고
7살 난 솔지도 있는데
그래 좋아
그런 건 아무래도 좋아
지법엔 가봐야지
안산 도롱골 가봐야지
형과 내가 싸우면서 자라던 집에도 가봐야지.
법송리 1017번지잖아
지난여름
지법 갔었어.
뒷집 준석이 아재도 앞집 호산 아지매도
삼밭골 큰 어매도
다 그대로 계시더라.
가봐야지.
개방골 거쳐 탄방산 올라 회치바위에도 올라봐야지.
소 못 찾아 울고 오던 날
캄캄한 밤에
짝바위 위 여우굴 옆에

소나무가지에 고삐 걸려 애타하는
우리 소 찾아왔던 그 곳에
가봐야지.
개방골 우리 산에 땔나무하러 가야잖아.
우리
떠나온 지 너무 오래 됐잖아.
봄 되면 전골에서 흐르던 집 앞 냇가 개나리 필 텐데.
안산에 진달래는 얼마나 붉을까?
보리 벨 때쯤 수크렁 골에
지루하게 울어대던 뻐꾸기 소리는 어떻고
형!
고향 갈 길이 너무 멀어 먼저 떠났나?
살아 소나타 타고 가면 되잖아
형이 구해준 동생 세피아 타고 가면 되잖아
형!
어머니도 아버지도 내게 눈물이더니
이제 형도 목메움이구나.
울컥 울컥 솟구치는 목메임이네.
어머니 아버지보다도

형이 더 피울음이네.
일순간 터져 버릴 피 토함이네.
솔이 솔지 앞에선
꾹꾹 씹어 삼켜야할 안타까움이네.

형!
그래 이제 쉬어야지.
기름 묻은 손 깨끗이 닦고 이젠 쉬어야지.
어머니 아버지 모시고 편안히 쉬어야지.

회상

호두알 툭 떨어지는 소리
화들짝 가을이 가슴에 뛰어 드네요.

찔러대는 시계 바늘에 쫓겨
허둥지둥 때우는 일상
나의 행복 기준은 타인
바램을 담은 가슴은 채워지지 않는 허기진 배
늦은 퇴근길은 월급날의 작은 위안
그렇게 흘러가버린 젊은 날

졸졸졸 흐르는 산골 시냇가
다람쥐 도토리 줍는 산골에서
맑은 숲속 노닐다 온 바람 한줌에
나의 노래 띄우고 싶어요.

희망

당신의 하찮은 말 한마디
의미 없는 행동 하나
천만근의 무게로 야윈 내 가슴에 얹히고
힘겨워 내뱉은 한 마디가
당신의 웃음기 없는 얼굴로 되돌려 받은 지금
너 나일 수 없다는 당위성에 참혹하리만치
자신을 학대해 봅니다.

예리한 칼끝 바람에 이리저리 휘둘리다
돌아서는 막다른 골목어귀
갈라진 담장 틈새로나마 새어나오는
작은 불빛에라도 온기를 느끼고픈 이 밤

반추할수록
믿을 수 없어
도리질 치고
결국
인생은 혼자일 수밖에 없다는 푸념이
최선의 위로인 양

자조 섞인 말 한마디 발등에 떨어질 때
그래도 그래도
머지않은 날에 다시 필 고운 잎 그려봅니다.

| 해설 |

싸우는 시인, 진한 서정성

강병철(소설가)

그는 단순 우직한 캐릭터이다. 몸의 각이 그렇고 선이 굵은 행보가 그렇다. 모두들 지쳐 어쩔 수 없이 '예스'의 타협점 찾아 식은땀 흘리는 찰나에 그 홀로 '아니요'라며 설레설레 흔들 때 그의 초점이 선명해진다. 그리고 중심에 선다. 민노총이나 전교조 원조답게 격동의 시국마다 가차 없이 몸을 던지며 청춘과 중년을 보냈고 초로를 맞이하는 중이다. 한미FTA나 4대강 데모, 여의도 시위나 광화문 촛불집회, 공주시 사거리 어디쯤 아스팔트에도 선두 마이크 잡은 그의 몸에 포커스가 또렷해진다. 그의 구릿빛 근육질 몸 탓으로 스크럼 동지들이 편안하게 기댈 수 있고.

> 가야한다
> 대추리 주민이 지키는 황새울 들판으로
> 박래군, 문정현님이 지키는 황새울 들판으로
> 전국에서 몰려든 형제들이 지키는 땅 황새울로, 황새울로!
> —「가야한다 대추리로」 부분

70-80이 있다. 역사의 풍랑에 목숨 걸던 의식화 청년들의 그 시국이다. 유신, 그리고 광주의 오월, 87년 6월 항쟁, 직선쟁취 이후 후보단일화 무산과 대선의 패배, 그 도정에서 최루탄과 화염병의 아스팔트 전을 벌이며 청춘을 바쳤던 그들이다. 잰걸음 실속파들이 운동권 동기들과 눈빛 맞추는 것조차 차마 민망해하던 격동의 난세 스크린이다.

그리고 세월이 흘렀다. 보수와 진보가 주도권을 치고받으며 시계추가 쏜살처럼 돌았고 자본주의는 기하급수적으로 약진했다. 모든 게 변했고 엉뚱한데서 조급해졌다, 빨간 신호등 앞에서도 클락숀 빵빵 누르고 핸드폰이 고장 나면 멘붕 상태가 된다. 눈치 보던 주변인들이 실용주의 출세가도를 달리며 중심부에 편입되거나 기관장이 되면서 '죽 쒀서 개 준' 느낌이 들 때도 있겠다. 교직사회도 마찬가지다. 평교사로 남은 예전의 운동권들에게 그들 식의 잣대로 승패를 저울질하는 판세가 되었던 건 나중 얘기다. 그런데 그 혼자 꼿꼿이 서 있다.

'무능한 진보보다 부패한 보수가 낫다'
'부도덕하면 어떠냐 경제만 살리면 되지!'
모두 박수 치는데
왜?
왜 나는 무능한 진보를 붙들고
각혈의 고통으로
가쁜 숨을 몰아쉬는가?

그래
썩어라!
원 없이 남김없이 모조리 썩어버려라!
—「2007 대선」 부분

2007년 2월, 대추리 투쟁 주민들이 마을을 떠나기로 합의했다. 투쟁 3년, 땅을 지키려던 본토인들은 상처 속에 합의를 받아들인다. 한바탕 아수라의 소용돌이가 쓸고 간 마을에 공회당도 학교도 빈터가 되었다. 수십 년 이웃들이 더러 원수 같은 상처를 입고 이산가족으로 흩어진 게 가장 아프다. 그래도 주저앉을 수 없다. 그 절망의 찰나에도 읽고 가르치고 투쟁하고 마시는 사내가 되니 이게 김도석의 존재 사유다. 그러면서도 조근조근 썩는 곰팡이

입자를 견디지 못하니, 아프다. 차라리 완전 폐허의 벌판에서 희망의 싹을 틔우고 싶은 것이다. 그 혼자 역류하는 물살에 삽을 대며 시대의 아픔을 교사의 자존으로 변신시킨다.

비를 맞는다
표정 없이 비를 맞는 사람이 있다.
서두름도 피할 의지도 없다.
얼마쯤 걸어왔을까,
어디로 가는 걸까,
돌아갈 집은 있을까?

—「관조(觀照)」 부분

지는 싸움에서 희망을 찾는다, 승리가 아니라 옳기 때문에 싸운다는 젊은 날의 그 결의이다. 곤봉과 방패가 날아오는 그 자리에 가슴팍 들이민다. 대형 굴삭기에 찍힌 은행나무 널브러진 교정에서 그 혼자 주먹을 쥔다. 그 주먹을 펴지 말아야 교단에서 꿈나무들을 편안하게 바라볼 것 같다. 꿈나무들에게 꿈을 가지라고 당연한 문장을 토로하다 보면 질곡의 세월 속에서 기쁨이 돌출되는 것 같다.

껴안은 가슴으로
서러운 지난날들을
통한의 세월을
뒤바꿔어 버린 역사를, 운명을
콸콸 토해내더만

—「2018 정상회담」 부분

2018년 4월 27일을 그가 놓칠 리 없다. 문재인 대통령과 북한의 김정은 국무위원장이 판문점 7센티 콘크리트 분계선을 넘어 포옹

하는 장면이 전 세계에 중계되는 장면이다. 남북 두 정상의 감격을 하늘로 치켜세운 다음 다시 북측으로 10미터 건너가 마주잡은 손을 하늘로 뻗쳐 올리는 퍼포먼스도 보였다. 하여, 해방 이후 70여 년 분단의 철조망이 단박에 걷히리라는 예단도 섣부르지 않을 것 같았다. 최소한 미사일이 머리 위로 슝슝 날아다니던 일촉즉발의 가위눌림은 해소되었으리라. 시인 역시 각본 없는 퍼포먼스 스크린을 보며 심장을 꺼억꺼억 부여안는다.

지하 고문실
어두운 뒷골목 차디찬 길바닥
자동차 바퀴에 깔려 포도에 짓이겨진 짐승의 몸처럼
군화 발에 뭉개지는 고통을 씹어 삼키며
새우처럼 웅크린 몸으로

—「그대 모습에」 부분

혁명가는 외롭다. 언 땅의 씨앗 자양분 심어 대궁만 세우며 대가없이 영혼의 편안함을 찾아야 한다. 그런데 응달진 뒷골목에 씨앗 뿌리는 사이에 자본주의는 거대한 괴물로 약진해버렸다. 괴물 세상 복판에서 그 혼자 민주주의와 통일과 빵과 사랑의 역사를 그리는 것이다. 그게 어린 새를 보호하는 어미 새의 본능이다. 살아 움직이는 시인의 업이요, 의무이다.

쌀 한 톨 없어
부황 나 죽어가는 자식 바라보다
죽창 든 분노가 우금티 마루에서 피로 흐르던 아픔을
내 것으로 느끼지 못하는 사람들에게
우리는 그들을 우리라 부르지 말자

—「우리」 부분

그는 말장난을 거부한다. 언어의 조탁은 장식품에 불과하다. 모두가 불안의 예감으로 체념의 목 늘어뜨릴 때 그 혼자 묵묵히 가슴과 합체된 몸으로 길을 가는 것이다. 단호하다. 미운 놈은 끝까지 미워하는 혁명가 체질로 주저 없이 몸을 움직이려했다. 당연하다. 멀쩡한 강물에 시멘트를 쏟아 부어 큰빗이끼벌레로 널브러지게 한 4대강 사업이 그렇고, 제 나라 젊은 민초들을 지배국 전쟁터에 팔아넘긴 친일작가들을 떠올리면 당연히 용서가 되질 않는다. 산업현장 직원들을 두들겨 패는 재벌 '갑'질이 그렇고, 민중을 개, 돼지로 자칭 성공맨들이 그렇다. 취급하는 세월호 팽목행이나 광화문 촛불집회, 전교조 연가투쟁이나 FTA, 대추리나 4대강에서 머리띠 구호를 외치며 밤마다 어금니 갈던 이유이다.

> 일제 총칼에 갈갈이 찢겨진 조국을
> 맨살로 부둥켜안고
> 설한풍의 만주, 지리산, 태백산맥 골골마다
> 장미꽃보다 더 붉은 피 산하를 적시고
> 마지막 토해낸 사랑의 말
> '어머니'를 부르며 죽어간 그들을
> 빨갱이라 욕한다면
> 그들을 존경하는 나는 분명 빨갱이다.
>
> —「어떤 Coming Out」 부분

그는 힘이 좋고 몸이 빠르다. 대학 시절 캠퍼스 씨름대회 개인전에서 3위가 된 건 재수가 나빴기 때문이다. 1:1의 준결승 상황에서 셋째 판 이야기다. 상대의 들배지기를 뒤집기로 넘기면서 동시에 똑같이 넘어졌는데 심판이 갸웃갸웃하다가 상대방의 손을 들어주었다. 그를 이긴 상대방은 결승전에서 2:0으로 우승자가 되었고 김도석은 3위 칸에서 악수를 건네주었다. 그 대신 서른

초반 즈음 신관동 한빛 아파트 단합대회 씨름판에서 자기보다 훨씬 무거운 상대를 그 뒤집기 기술로 넘기고 구경하는 사람들의 박수를 이끌어 내기도 했다.

2006년 내 성장소설 『꽃 피는 부지깽이』의 표4를 얻기 위해 우성면 동천포 구멍가게 앞에서 조우했던 때였던가, 산들바람 서성이던 메밀꽃 초가을, 그는 나의 숙제에 흔쾌히 응한 다음 생뚱맞게 아스팔트길 공중제비 시범까지 보여주었으니 그게 뒤집기의 허리였던 것 같다. 그리고 주막에 걸터앉아 얼큰히 퍼마셨다. 글의 속도도 그의 서커스 재주처럼 초스피드를 갖추었다. 그건 그렇고.

노을이 아직도 붉은 저녁 어스름 무렵
이슬 피할 집은커녕
부모친척도 없는 마을길을
기인 그림자 땅에 뉘인 채 휘적휘적 걸어가는
사람이 있었어요.

—「귀향」 부분

때로는 센티멘탈리스트가 된다. 노을 지는 동천포에서 키 큰 사내 혼자 물살을 바라보는 포즈가 딱 그렇다. 텅 빈 마당을 채우던 햇살이 가장자리로 물러설 즈음 통영 바닷가가 오버랩된다. 집 뒤 대밭에서 곧은 대나무 골라 베어 이순신장군 흉내 내며 칡덩굴 걷어내던 작은형의 고함도 들린다. 어머니의 부엌으로 자전거 페달을 굴린다. 병아리 떼 감싸는 어미닭을 휙휙 지나치고 논두렁밭두렁 헛기침이 들린다. 아버지다.

그가 사범대에 합격하자 꼼꼼쟁이 그의 부친이 경로당에 막걸리 한 말 쏘시던 그 아버지다. 그 대학생 아들네 하숙방 찾아온 아버지를 비좁은 자취방 탓으로 돌려세우고 오랜 세월 후회하던 막내아들이다. 임종 직전 식물 상태로 버티다가 기다리던 막내가 찾아오자 마침내 눈을 감으셨다는 부친의 체취에 사무치면 마파람도 안쓰러워 소음을 멈춘다.

토호 집안 아들로 훈장 한다며 평생 한량이시던 할아버지
대 잇는다고 환갑 가까운 나이에
열일곱 살 새색시 할머니 네 번째로 맞아
씨 세 톨 떨군 뒤 세상 떠나시고
청상과부 할머니 그 원망 자식들에게 전해져
아버지 살아생전
'글 줄 읽는 놈들 평생 빌어먹는다.'던 그 말씀이
할아버지에 대한 원망일 줄이야

—「나의 아버지」 부분

그 몸을 떠올리며 '우리가 아닌 그들'도 마침내 우리의 품으로 껴안아야 한다고 한갓진 소리를 지껄여도 빙긋 웃어준다. 타도와 척결을 호위하는 대상까지 촛불을 태우듯 노여움을 녹이면 어떨까 주저주저 망설이면 싱끗 탁배기 잔을 내민다. 더러는 독거노인 구들장을 데우기 위해 언덕길 연탄도 함께 나르는 꿈을 꾸며 그의 서정성을 헤집는다. 그렇게 숨은 서정성을 찾아내고 울컥, 뭉클에 빠진다. 트랜치 코트자락 날리던 그의 풍경이 오래도록 떠오르던 이유이다. 그는 뜨겁고 서늘하다.

친구들!
고마워 같이 늙어줘서
나 혼자 이 길을 걸어왔더라면 얼마나 외롭고 두려웠을까?
그래서 이 길을 먼저 간 사람들이 그랬나봐.
"동무 따라 강남 간다."고.

—「다시 또 봄」 부분

이제 초로의 문턱이다. 그랬다. 징그럽게 느리던 시간이 몸을 돌리는 순간 빛의 속도다. 사진 찍기도 부담이 가는 건 어제보다 쇠한 사진틀 표정 탓이다. 동행의 벗이 있어야 편안한 것이다. 이제 기적을 기대하는 연륜은 지났지만 아직도 봄날의 행복을 떠올리는 것은 기댈 수 있는 등판이 있어서이다. 폭설과 가뭄의 신산고초를 한평생 기대고 의지해온 따뜻한 체온이다. 그는 쿠바 등 지구촌 오지여행을 함께 한 임병조, 이해원, 오병산, 양화목, 남필우, 김종연 등의 벗이나 글벗 유지남 같은 초로들에게 말한다. 친구들, 같이 늙어줘서 고맙다고.

> 그대!
> 누런 볏잎 끝에 매달려 햇빛 사방으로 던져내는 논두렁 길
> 아침이슬 영롱한 눈부심에 가슴 벅차 본적 있는가?
> 떨어진 오동잎 바스락 밟히고
> 길섶 코스모스 하늘거리는 길에서
> 가슴 저미는 외로움 느껴본 적 있는가?
>
> —「에둘러 가는 길」 부분

모처럼 찬바람에 걸리는 낙엽이 되기도 한다. 해마다 오는 가을이 그에게만 낯설게 느껴지니 그게 시인의 눈이다. 갈대꽃 흔들리던 그 늦가을, 우수의 낯빛 사내 혼자 생뚱맞게 개나리로 피어나기도 하니 무심한 척 에두르는 그의 촉수가 예사롭지 않다. 느닷없이 나타난 늦깎이 시인이 용암처럼 감성을 분출시킬 것 같다.

> 물안개처럼 스며든 고요가 뿌옇게 퍼져있는 아침
> 철 이른 벚나무 단풍 하나 길바닥에 몸을 누인다.
>
> —「가을」 부분

별리의 서러움 함께 나누는 연륜, 속울음이라도 실컷 토해내야 마음이 편안해진다. 가지 많은 나무로 날마다 억센 일상이지만 때로 초가지붕을 타고 내리는 낙숫물에 넋을 빼앗겨야 한다. 송곳 같던 그의 시가 산모퉁이에서 덜컹대던 완행버스로 변신하니 놀라운 일이다. 인파에 밀릴수록 행복한 이유, 그것이다. 우직한 시인이 숲속의 오솔길을 놓치지 않으니 그게 섬세함의 눈이다.

그래서 지천명의 마초 사내가 죽은 강아지를 파묻으며 꺼이꺼이 우는 것이다. 꽃샘추위 오솔길의 제비꽃 작은 어깨가 애처로워 몸을 웅크린 채 일어설 줄 모른다. 눈 덮인 길에서 문득 유년을 떠올리며 발길 멈추니 그리운 사람 얼굴이 붙박이로 떠올라 울컥 그리움이 사무친다. 보라!

통영바다 가로등 불빛에 어른거리고
까무룩 졸던 간드라 불빛이
비닐 틈새 비집고 들어온 차가운 바람에
부르르 몸서리치는 포장마차에서

—「수구초심」 부분

아름답다. 그의 시어는 책상머리에서 종이 구기는 집착의 소산이 아니다. 관념의 유희나 호사스러운 취미도 아니다. 생채기가 딱지가 되고 옹이가 되었다가 분수처럼 터져 나오는 삶의 편린들이다. 나물 캐어 장에 가시는 엄마의 동구 밖에 찔레꽃 별들이 분주한 것이다. 서산마루에 기우는 하루해를 손바닥으로 문지르던 공복의 허기도 그립다. 발자취마다 문장으로 변신시키니 그게 시인의 행보다.

캄캄한 밤바람이 불면 그는 하필 서걱이는 갈대를 떠올렸을까. 연초록 앙증스런 봄놀이나 연인들의 밀어를 훔쳐듣던 짙푸른 신

록도 밀어낸다. 그저 발길 뜸한 회색빛 어느 날 더 고독한 자연만 품는 것이다.

> 가봐야지.
> 개방골 우리 산에 땔나무하러 가야잖아
> 우리
> 떠나온 지 너무 오래 됐잖아.
> 봄 되면 전골에서 흐르던 집 앞 냇가 개나리 필 텐데.
> 안산에 진달래는 얼마나 붉을까?
> 보리 벨 때쯤 수크렁 골에
> 지루하게 울어대던 뻐꾸기 소리는 어떻고
>
> —「호영이 형」 부분

사랑하던 벗과의 별리처럼 슬픈 가슴이 있을까. 벼랑 끝으로 떨어졌던 망자의 얼굴이 서걱이는 갈대로 불쑥 흔들리는 것이다. 그 놀라운 가슴을 묵묵히 닫은 채 일상의 문으로 들어서니 그게 살아있는 시어요, 움직이는 문장이다. 유년의 기억까지 끄집어내어 생생한 활자로 변신시켰으니 기실 시집 한 권이 평생의 재현이다.

끝으로 그가 나에게 투자했던 젊은 날의 문장 『꽃 피는 부지깽이』의 표4를 붙이며 글을 맺는다.

> 시내버스를 타고 먼지 폴폴 날리는 길로 산모퉁이를 몇 개 지나면 별이 밤마다 산등성이까지 내려와 놀다 가는 산골동네 어귀에 차표를 파는 매표소 겸 점방이 있다. 그 차부머리 간이 의자에 부스스한 머리칼로 구부정한 허리에 깃을 세운 바바리코트를 걸치고 혼자 맥주를 따라 마시다, 씨익 웃으며 지나가는 사람들을 불러 한 잔을 건네는 강병철을 상상하기란 어렵지 않다. 강병철의 살아가는 모습이 내 상상에서 벗어나지 못하는 이유를 난 이 소설

'꽃 피는 부지깽이'를 보면서 다시 확인했다. 그리고 타향살이를 하면서 그동안 잊고 지냈던 고향 친구한테 전화한 통화가 간절한 가을이다.

— 그의 표4

이번에는 내가 먼저 그를 점방으로 불러내야겠다. 황순원의 '소나기'에 나오는 '맑고 청량한 초가을 햇살'을 받으며 시골 마트 의자에 기대어 막걸리 한 잔 따라줘야겠다. 시인 김도석에게 '벗이여, 감춰두었던 늦깎이 칼을 벼리자'고 감히 어깃장 놓으면 그는 뭐라고 할까. 나도 초동 친구를 떠올리며 전화번호를 누르고 싶은 저물녘이다.

여정

김도석 시집

발 행 일 | 2018년 9월 10일
지 은 이 | 김도석
발 행 인 | 李憲錫
발 행 처 | 오늘의문학사
출판등록 | 제55호(1993년 6월 23일)
주　　소 | 대전광역시 동구 대전로867번길 52(한밭오피스텔 401호)
전화번호 | (042)624-2980
팩시밀리 | (042)628-2983
전자우편 | hs2980@hanmail.net
카　　페 | cafe.daum.net/gljang(문학사랑 글짱들)
cafe.daum.net/art-i-ma(아트매거진)

공 급 처 | 한국출판협동조합
주문전화 | (070)7119-1752
팩시밀리 | (031)944-8234~6

ISBN 978-89-5669-941-7 03810
값 9,000원

* 이 책은 교보문고에서 eBook(전자책)으로 제작 · 판매합니다.
* 잘못 제작된 책은 바꾸어 드립니다.